Fluõ | Travel

PESCARA

ITALY

MINI
SURVIVAL
GUIDE

Pescara: Mini Survival Guide
By Jan Hayes

First Edition: July 2018

Scale / 1:7500

| ■■■■■ 100m
| ■■■■■ 500ft

Contents

At a Glance

Country	Italy
Region	Abruzzo
Native Name	Pescara
Established	3th Century BC
Language	Italian
Currency	Euro (EUR)
Plug Type	C, F, L (230V)
Driving	Right-hand
Population	123103
Area	33.6 sq.kms
Postal Code	65100
Area Code	+(39)085
Timezone	CET (+1)
Timezone DST	CET (+1)

ACCOMMODATION

 HOTELS

Alba ★ ★ ★ ★ ▷ 12 Via Michelangelo Forti 14 ☎ +39 085 389145 • **Ambra Palace** ▷ 12 Via Quarto dei Mille 28 • **B&B Hotel Pescara** ★ ★ ★ ▷ 12 Piazza Duca d'Aosta 4 ☎ +39 085 374241 • **Bellariva** ▷ 9 Viale della Riviera 213 • **Carlton** ▷ 12 Viale della Riviera 35 • **Esplanade** ▷ 12 Piazza I Maggio 46 • **Gardenia** ▷ 13 Via Vasco de Gama 41 • **Maja** ▷ 9 Viale della Riviera 201 • **Plaza** ▷ 12 Piazza del Sacro Cuore 55

EAT & DRINK

 BARS

Bonnie and Clyde ▷ 12 Via G. Carducci 83 • **Bontà & dintorni** ▷ 9 Via Mantegna 3 • **Caffè Venezia** ▷ 12 Viale Regina Margherita 24 • **Codice a BARre** ▷ 11 Via Arapietra 64 • **Girò** ▷ 18 Via Luisa D'Annunzio 36 • **Gran Caffè Martinelli** ▷ 11 Via Renato Paolini 20 • **Il tempo di un caffè...** ▷ 16 Viale Gabriele D'Annunzio 73 • **Limonaia** ▷ 12 Via Piave 99/2 ☎ +39 335 756 6966 • **Malagrida** ▷ 11 Via Renato Paolini 30 • **Natale** ▷ 11 Via del Circuito 179 • **Thomas** ▷ 12 Viale Regina Elena 37

 **CAFES**

Agip Café ▷ 9 Piazza Duca degli Abruzzi 73 • **Alla Tazza d'Oro** ▷ 11 Viale G.Bovio 62 • **Angolo Bar** ▷ 11 Via del Santuario 166 ☎ +39 085 4153084 • **Arlecchino** ▷ 9 Piazza Duca degli Abruzzi 23 • **Bar Aurora** ▷ 9 Viale G.Bovio 295 • **Bar Bovio** ▷ 9 Viale G.Bovio 174 • **Bar Di Tizio** ▷ 12 Via Quarto dei Mille 14 • **Bar Fabrizi** ▷ 12 Via Nicola Fabrizi 191 • **Bar Malagrida** ▷ 11 Via Gole di S. Venanzio 61 • **Bar Mazzarino** ▷ 17 Via Giulio Mazzarino 47 • **Bar Raffaello** ▷ 11 Viale G.Bovio 132 • **Bar Regione** ▷ 9 Viale G.Bovio 406 • **Bar San Francesco** ▷ 9 Piazza S. Francesco d'Assisi 17 • **Bar Western** ▷ 11 Via del Santuario 135/6 ☎ +39 085 4153172 • **Bar a onda** ▷ 11 Via Fonte Romana 8 • **Bontà** (*ice cream*) ▷ 11 Via del Santuario 127 • **Bricco Café** ▷ 11 Via Ferrari 6 • **Caffè Cipriani** ▷ 12 Viale Regina Margherita 27 • **Caffè Venezia** ▷ 12 Via Venezia 27 • **Caffè delle Rose** ▷ 12 Corso Vittorio Emanuele 26 ☎ 0854211431 • **Di Luzio** ▷ 12 Viale Regina Margherita 55 • **Doppio Zero** ▷ 9 Piazza S. Francesco d'Assisi 22 • **Elegance** ▷ 11 Via del Santuario 112 • **Gla Giò** (*ice cream*) ▷ 9 Via Camillo Benso Conte di Cavour 35 • **Gran Caffè Martinelli** ▷ 11 Via Fonte Romana 5 • **Greta's** ▷ 11 Via Arapietra 110 • **Kolorado Cafè** ▷ 10 Viale Leopoldo Muzii 72 • **L'8ª Cometa** ▷ 12 Via Arapietra 1 • **La Dolce Vita** ▷ 17 Viale Vittorio Pepe 79, 81 • **Napoli** ▷ 10 Viale Leopoldo Muzii 92 • **Nuvola Rossa** ▷ 17 Viale G. Marconi 203 • **Piccolo Bar** ▷ 11 Via Renato Paolini 68 • **Pizzeria La Risata** ▷ 12 Via Latina 36 • **RistoSelf** ▷ 17 Viale G. Marconi 196 • **Sarni** ▷ 16 Via Giuseppe Misticoni 14 • **Taresco** ▷ 9 Via Nazionale Adriatica Nord 10 • **Turchi** ▷ 12 Via Trento 33 ☎ +39 085 4216139 • **White Bakery** (*american*) ▷ 12 Piazza del Sacro Cuore 8 ☎ +39 085 8424844

RESTAURANTS

EDUCATION

Alcyone (*pizza*) ▷ 10 Viale della Riviera 24 • **Arrosticini & co** (*regional*) ▷ 10 Viale Leopoldo Muzii 63 • **Cafè Les Paillotes** ▷ 18 Piazza Le Laudi 2 ☎ +39 085 61809 • **Cantin[ah]demia** ▷ 17 Viale Pindaro 14 ☎ +39 085 4454250 • **Del Porto Ristorante Pizzeria** (*fish, italian pizza*) ▷ 13 Via Andrea Doria 4 ☎ +39 85 691305 • **Dious** (*pizza*) ▷ 13 Lungomare Papa Giovanni XXIII 1 • **Gastronomia Mucciante** (*italian pizza*) ▷ 10 Viale Leopoldo Muzii 108 • **Hai Bin** (*chinese*) ▷ 10 Viale della Riviera 44 • **Il Ristoro Genuino** ▷ 12 Via Nicola Fabrizi 24/26 ☎ +33858963408 — 12 Via Nicola Fabrizi 32 ☎ 00390858963408 • **Il Ruvido** (*italian, regional*) ▷ 16 Via Conte di Ruvo 82 • **Old Wild West** (*steak house*) ▷ 11 Via Silvio Pellico 26 • **Pizzeria Dannunziana** (*pizza*) ▷ 11 Viale G.Bovio 7 • **Profumo di Sole** (*vegetarian, vegan, coffee shop, breakfast, deli, sandwich, diner, tea*) ▷ 12 Via L'Aquila 18 ☎ +39 085 291205 • **Restorante Regina Elena** (*seafood*) ▷ 12 Viale Regina Elena 38 • **Ristorante KARMA** ▷ 12 Via dei Bastioni 26/28 ☎ 0854511395 3206565529 • **Ristorante Pizzeria O' Vesuvio** (*seafood*) ▷ 17 Viale Guglielmo Marconi 321 ☎ +39 85 4211662 • **Taverna 58** (*italian*) ▷ 12 Corso Manthonè 46 • **Trattoria Gerardo** (*seafood*) ▷ 9 Via Giovanni Pisano 61 • **Voglia Capricciosa** (*pizza*) ▷ 15 Via Tiburtina Valeria 317 ☎ +39 085 4314106

 COLLEGES

I.P.S.I.A.S. "Di Marzio-Michetti" ▷ 11 Via Arapietra 112 ☎ +39 085 412087 • **Liceo Artistico "Giuseppe Misticoni"** ▷ 9 Viale John Fitzgerald Kennedy 137 • **Liceo Scientifico Statale "Galileo Galilei" - Succursale** ▷ 11 Via Parco Nazionale d'Abruzzo 19

 LIBRARIES

Biblioteca "F. Di Giampaolo" ▷ 12 Viale Regina Margherita 1 • **Biblioteca Beato Tommaso Da Celano** ▷ 9 Viale Regina Margherita 148 • **Biblioteca Provinciale Gabriele D'Annunzio** ▷ 12 Piazza Italia 4 • **Micro Biblioteca Sociale "Andrea Pazienza"** ▷ 9 Viale John Fitzgerald Kennedy 99

ENTERTAINMENT

 **CINEMA**

Pescara Cityplex ▷ 12 Via Caduta del Forte 15 ☎ +39 085 421 2225

THEATRE

AURUM ▷ 18 Viale Palizzi Filippo 9

FINANCE

 ## BANKS

BancApulia ▷ 17 Viale G. Marconi 197 • **Banca Caripe** ▷ 9 Piazza Duca degli Abruzzi 30 • **Banca Etica** ▷ 17 Via Alento 80 • **Banca Generali** ▷ 9 Viale G.Bovio 225 • **Banca Intesa** ▷ 9 Viale G.Bovio 466 • **Bper** ▷ 9 Viale G.Bovio 407 • **Carichieti** ▷ 11 Viale G.Bovio 85/1 — 17 Viale Fernando Francesco d'Avalos 61 • **Intesa SanPaolo** ▷ 12 Via Chieti 76 • **Monte dei Paschi di Siena** ▷ 11 Viale G.Bovio 71 • **San Paolo Imi** ▷ 9 Viale Leopoldo Muzii 27 • **UBI Banca** ▷ 11 Via Michelangelo 18 — 12 Via Rieti 37 • **Unicredit Banca di Roma** ▷ 12 Viale Regina Margherita 45

HEALTH

 ## DENTISTS

Dr. Ernesto Zona ▷ 12 Via Genova 74

 ## HOSPITALS

Casa di Cura Privata "Pierangeli" ▷ 11 Piazza Luigi Pierangeli 1

 ## PHARMACIES

Adriatica ▷ 9 Viale Giovanni Bovio 362 • **Blasetti** ▷ 15 Via Stradonetto 161 • **Di Giamberardino** ▷ 11 Via del Santuario 75,77 • **Dott. G. Caldarelli** ▷ 9 Viale Leopoldo Muzii 33 • **Dott. Greco** ▷ 9 Via Camillo Benso Conte di Cavour 57 • **Dott. Pennese** ▷ 11 Via del Circuito 189

• **Dottor D'Ottavio** ▷ 11 Via Arapietra 67/2 • **Dottor Zenobii** ▷ 9 Via Ragazzi del '99 4 • **Dr. Perbellini** ▷ 16 Via Gabriele D'Annunzio 88 • **Farmacia dello Stadio** ▷ 17 Via Benedetto Croce 201 • **Rancitelli** ▷ 9 Viale G.Bovio 161

SHOPS & SERVICES

 ## POLICE

Carabinieri ▷ 17 Viale Gabriele D'Annunzio 197 • **Polizia di Stato** ▷ 12 Via Pesaro 7 • **Prefettura di Pescara** ▷ 12 Piazza Italia 15 • **Questura di Pescara - Ufficio Relazioni con il Pubblico** ▷ 12 Via Pesaro 6

 ## POST OFFICES

Pescara 3 ▷ 18 Via Luisa D'Annunzio 12 • **Pescara 4** ▷ 9 Via Cavour 5 • **Pescara 5** ▷ 11 Via Passolanciano 70 • **Pescara 8** ▷ 17 Via Francesco Verrotti 30 ☎ +39 085 4500032 • **Pescara 9** ▷ 12 Via Edmondo de Amicis 15 • **Poste Italiane** ▷ 11 Via Monte Faito 25 ☎ +39 085 413581

 ## SUPERMARKETS

Coal ▷ 9 Via Camillo Benso Conte di Cavour 47 • **Conad** ▷ 11 Via Rigopiano 133 — 16 Via Tiburtina Valeria 113/115 — 17 Piazza Salvo D'Acquisto 42 • **Despar** ▷ 12 Via Enzo Ferrari 7 • **EuroSpin** ▷ 9 Piazza Duca degli Abruzzi 36 • **Eurospin** ▷ 15 Via del Circuito 384 — 16 Via Lago di Campotosto 6 • **GS** ▷ 16 Via Giuseppe Misticoni 14 • **Margherita** ▷ 12 Via Michelangelo Forti 47 • **Margherita Conad** ▷ 11 Strada Colle di Mezzo 1 ☎ +39 085

4153472 • **Pepi Discount** ▷ 11 Via Arapietra 76 • **Sisa** ▷ 9 Viale G.Bovio 483 — 17 Viale Pindaro 73 • **Stella d'Asia** ▷ 11 Via Arapietra 76 • **Supermercato Tigre** ▷ 12 Via Piave 122 — 12 Via Venezia 40 • **Tigre** ▷ 11 Via Arapietra 65 • **Todis** ▷ 11 Viale G.Bovio 24 — 12 Via Piero Gobetti 107

▷ 9 Via Camillo Benso Conte di Cavour 14 • **Chiesina di Sant'Anna** ▷ 9 Viale G.Bovio 259 • **Convento S.Antonio** ▷ 9 Viale Regina Margherita 148 • **San Pietro Apostolo** ▷ 12 Via G. Mazzini 167

TOURISM

 ## ATTRACTIONS

Casa natale Leopoldo Muzii ▷ 11 Viale G.Bovio 53

 ## MUSEUMS

Museo delle antiche maioliche di Castelli "Paparella-Treccia Devlet" ▷ 12 Via G. Mazzini 144

 ## RELIGIOUS

Beata Vergine Maria del Rosario

TRANSPORT

 ## FUEL STATIONS

Agip ▷ 9 Piazza Duca degli Abruzzi 73 — 9 Viale G.Bovio 414 — 11 Via del Circuito 136 — 12 Viale le Mainarde 26 • **Api** ▷ 9 Viale G.Bovio 334 — 11 Via Enzo Ferrari 1 • **D'Orazio Daniela** ▷ 17 Via Gioacchino da Fiore 9 • **Erg** ▷ 9 Piazza Duca degli Abruzzi 38 — 9 Viale G.Bovio 225 • **Farinaccia Daniele** ▷ 17 Viale Pindaro 1 ☎ +39 085 690954 • **IP** ▷ 9 Piazza Duca degli Abruzzi 34 • **Mirabilio Ezio** ▷ 13 Viale Amerigo Vespucci 97 • **Q8** ▷ 12 Via Enzo Ferrari 43 — 17 Viale G. Marconi 196 • **Total** ▷ 11 Via Enzo Ferrari 175

Map 7

Map Overview

Archaeological site		Information	
Artwork		Jewish synagogue	
Atm		Kiosk	
Bar		Library	
Bicycle rental		Lighthouse	
Biergarten		Memorial	
Buddhist temple		Monument	
Bus station		Museum	
Bus stop		Muslim mosque	
Cafe		Parking	
Camping site		Peak	
Car rental		Pharmacy	
Cave entrance		Picnic site	
Chalet		Playground	
Church / Monastery		Police	
Cinema		Post office	
Courthouse		Prison	
Department store		Pub	
Drinking water		Railway	
Dry cleaning		Restaurant	
Embassy		Shinto temple	
Fast food		Sikh temple	
Ferry terminal		Sports centre	
Fire station		Supermarket	
Fountain		Taxi	
Fuel		Telephone	
Golf course		Theatre	
Hindu temple		Toilets	
Hospital		Townhall	
Hostel		Traffic signals	
Hotel		Windmill	

Via Ruggero Settimo

Viale della Riviera

Via Luigi Cadorna

Via Cavour

Via Armando Diaz

Via Cavour

Via Vincenzo Gioberti

Viale Kennedy

Micro Biblioteca
Sociale
"Andrea
Pazienza"

Via Ronchi

Via Raffaello

Via Carlo Pisacane

Via Guglielmo Oberdan

Via Vittorio Veneto

Via Caravaggio

Via Eugenia Ravasco

Via Ermete Brandimarte

Viale Giovanni Bovio

Via del Milite Ignoto

Via Zara

Via Fabio Filzi

Viale Regina Marg

Parco di
Villa Sabucchi

Via Marsala

Via Silvio Pellico

Via Raffaello

Via Canova

Via Carav

co di
Basile

11

Viale della Riviera

Via Isonzo

Viale Leopoldo Muzii

Viale Regina Elena

Viale della Ri

12

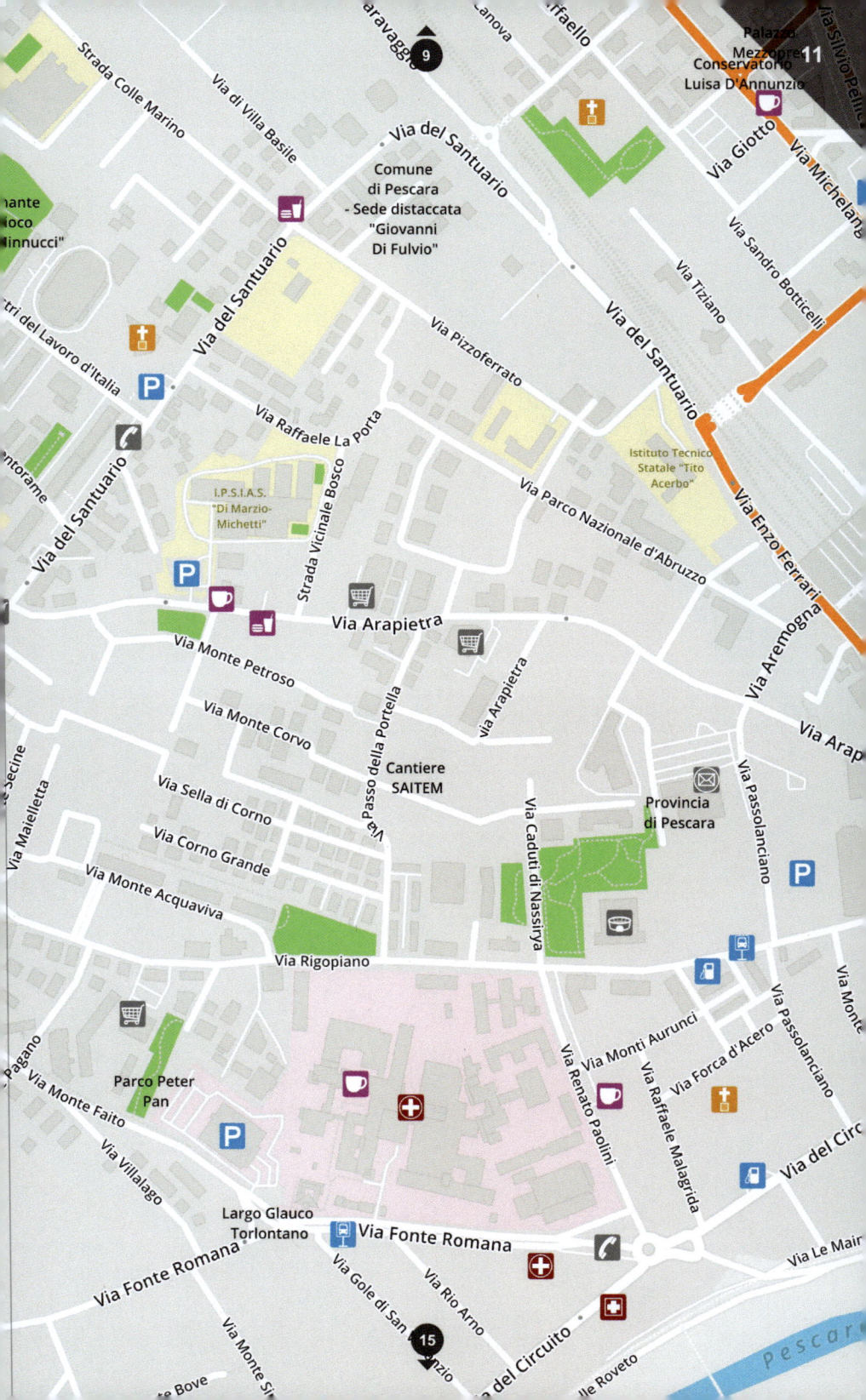

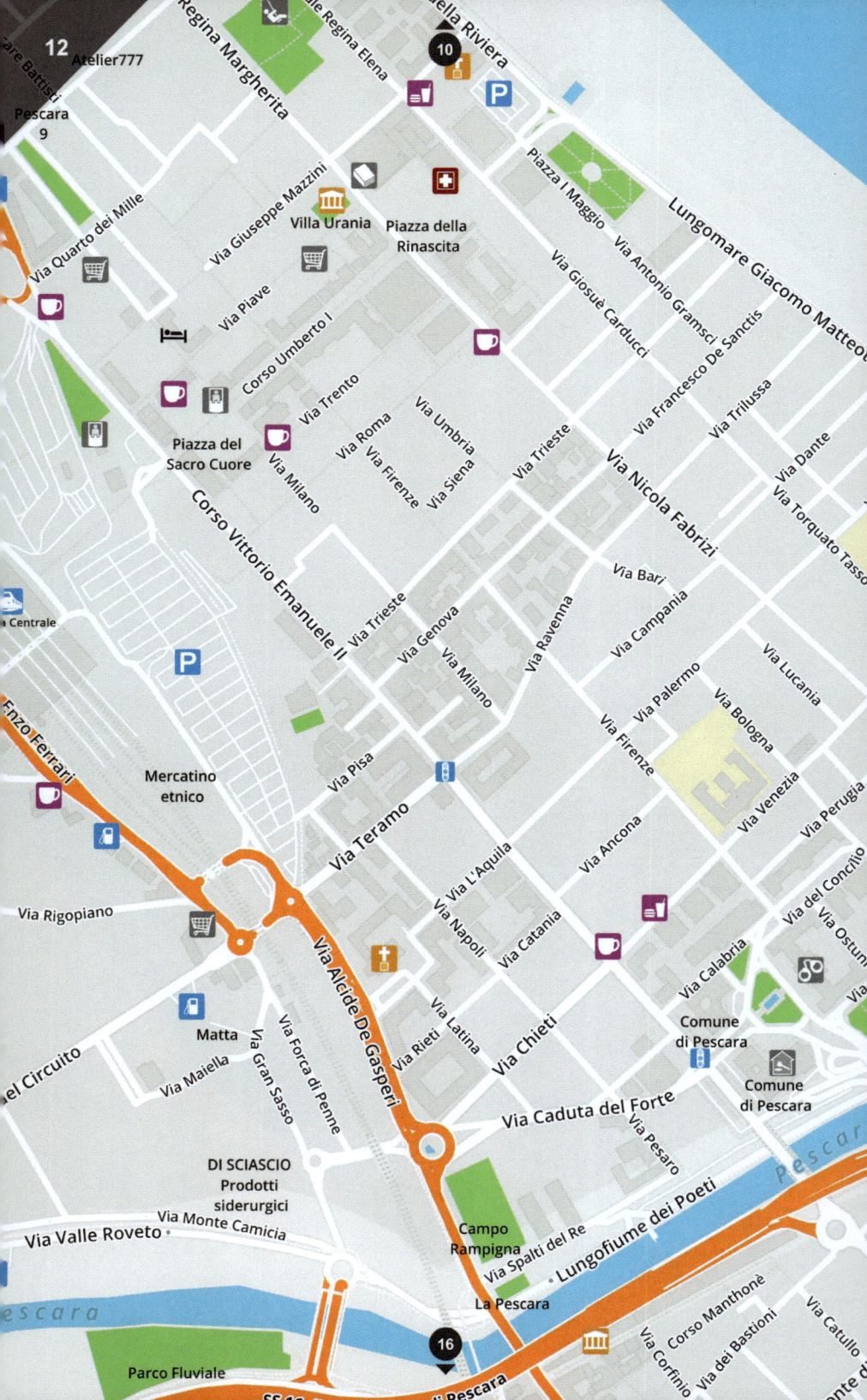

mare Giacomo Matteotti

Via Ugo Foscolo

Via Alessandro Manzoni

Via Giacomo Leopardi

Parco Villa De Riseis

Via Giacomo Puccini

Via Piero Gobetti

Via Lazio

Via Bruno Buozzi

Via Enrico Fermi

Via Raffaele Paolucci

Raffaele Paolucci

P E S C A R A

Via Andrea Doria

Via Lungaterno Sud

Via Ferdinando Magellano

Via Thaon di Revel

Via Marco Polo

Via Alfonso di Vestea

Via Vasco De Gama

Via Bardet

Via Amerigo Vespucci

ancesco Verrotti

17

Via Amerigo Vespucci

escara

P

via Salvatore Tom

18

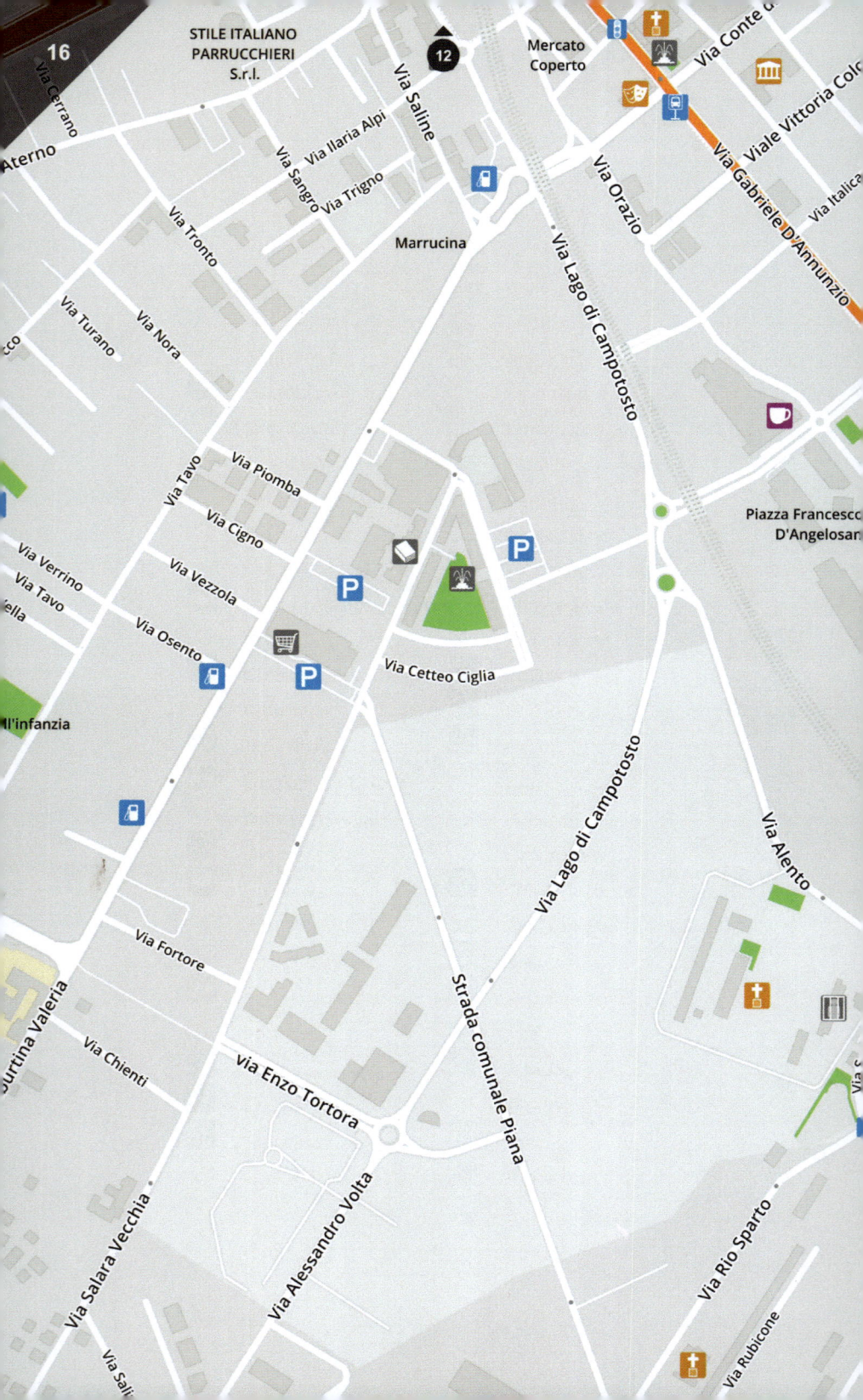

STILE ITALIANO
PARRUCCHIERI
S.r.l.

Via Cerrano

Aterno

Via Saline

12

Mercato
Coperto

Via Conte d

Viale Vittoria Colc

Via Ilaria Alpi

Via Sangro

Via Trigno

Via Tronto

Via Orazio

Via Italica

Marrucina

Via Turano

Via Nora

Via Gabriele D'Annunzio

Via Lago di Campotosto

Via Tavo

Via Piomba

Piazza Francesco
D'Angelosan

Via Cigno

Via Verrino

Via Vezzola

Via Tavo

P

ella

Via Osento

P

P

Via Cetteo Ciglia

ll'infanzia

Via Lago di Campotosto

Via Alento

Via Fortore

urtina Valeria

Via Chienti

Strada comunale Piana

Via Enzo Tortora

Via Rio Sparto

Via Salara Vecchia

Via Alessandro Volta

Via Rubicone

Via Sali

13

Piazza dei
Grue

Via Giovanni Chiarini

a Vincenzo Cerulli

Via Francesco Ferdinando D'Avalos

Via Benedetto Croce

Via Silvio Spaventa

Viale Guglielmo Marconi

Via dei Sabini

Via dei Peligni

Via dei Marsi

Via Fidia

Via Giannina Milli

Via Giulio Mazzarino

Via Giovanni Chiarini

Via dei Teatini

Via Socrate

Via Benedetto Croce

Via Alessandro Valignani

Viale Vittorio Pep

Via Stefano Tinozzi

Via Gabriele D'Annunzio

Giuseppe Misticoni

Via Seneca

Via degli Equi

Via Tibullo

Via Virgilio

Via dei Pretuzi

Officina
Zamponi

Viale Guglielmo Marconi

Parco dell'ex
Caserma
Di Cocco

Via Pollione

Piazza Ettore
Troilo

Viale Pindaro

Università
Gabriele
D'Annunzio

P

P

Pescara Tribunale

Via Tirino

Via Tirino

Via Tirino

Via Tirino

Via Ofanto

Via della Polveriera

Via Lago di Varano

Strada Colle Fal

nato

Tirino

Viale Primo Vere

Viale Paolo De Cecco

do Scarfoglio

Via Ignazio Silone

Piazza Alcyone

ia Pasquale Celommi

Viale Primo Vere

esare De Lollis

BASICS

Hello

Ciao
tʃao

Good morning

Buon giorno
bwˈɔn dʒorno

Good evening

Buona sera
bwˈɔna sera

How are you?

Come stai?
kome sstai?

Fine, thank you

Bene, grazie
bˈɛne, grattsje

What is your name?

Come ti chiami?
kome tti kjami?

My name is _____

Mi chiamo _____
mi kjamo

Nice to meet you

Piacere di conoscerla
pjatʃere di konoʃʃerla

Please

Per favore
per favore

Thank you

Grazie
grattsje

You're welcome

Prego
prˈɛgo

Yes

Sì
sˈi

No

No
nˈɔ

Excuse me

Mi scusi
mi skuzi

I'm sorry

Mi dispiace
mi dispjatʃe

Goodbye

Arrivederci
arrivedertʃi

I can't speak ____ [well]

Non parlo [bene] l'italiano
nom parlo [bˈɛne] litaljano

Do you speak English?

Parla inglese?
parla inʎʎeze?

I don't understand

Non capisco
noŋ kapisko

PROBLEMS

Help!

Aiutami!
ajutami!

Police!

Polizia!
politts'ia!

I'm lost

Mi sono perso
mi sono pˈɛrso

Can I use your phone?

Posso usare il suo telefono?
pˈɔsso uzare il sˈuo telˈɛfono?

NUMBERS

1

uno
uno

2

due
dˈue

3

tre
tre

4

quattro
kwattro

5

cinque
tʃiŋkwe

6

sei
sˈɛi

7

sette
sˈette

8

otto
ˈɔtto

9

nove
nˈɔve

10

dieci
djˈɛtʃi

20

venti
venti

30

trenta
trenta

40

quaranta
kwaranta

50

cinquanta
tʃiŋkwanta

60

sessanta
sessanta

70

settanta
settanta

80

ottanta
ottanta

90

novanta
novanta

100

cento
tʃˈɛnto

1000

mille
mille

DAYS

today

oggi
ˈɔddʒi

yesterday

ieri
jˈɛri

tomorrow

domani
domani

Monday

lunedì
lunedˈi

Tuesday

martedì
marted'i

Wednesday

mercoledì
merkoled'i

Thursday

giovedì
dʒoved'i

Friday

venerdì
venerd'i

Saturday

sabato
sabato

Sunday

domenica
domenika

MONTHS

January

gennaio
dʒennajo

February

febbraio
febbrajo

March

marzo
martso

April

aprile
aprile

May

maggio
maddʒo

June

giugno
dʒuɲɲo

July

luglio
luʎʎo

August

agosto
agosto

September

settembre
settembre

October

ottobre
ottobre

November

novembre
novembre

December

dicembre
ditʃembre

COLORS

black

nero
nero

white

bianco
bjaŋko

red

rosso
r'ɔsso

green

verde
verde

blue

blu
blu

yellow

giallo
dʒallo

orange

arancione
arantʃone

LODGING

Do you have any rooms available?

Avete camere libere?
avete kamere libere?

I will stay for _____ night(s)

Mi fermo per _____ notte/notti
mi fermo per ___ n'ɔtte/n'ɔtti

I want to check out

Voglio andare via
v'ɔʎʎo andare v'ia

MOVING AROUND

How much is a ticket to _____?

Quanto costa un biglietto per _____?
kwanto kosta um biʎʎetto per ___?

One ticket to _____, please

Un biglietto per _____, per favore
um biʎʎetto per ___, per favore

How do I get to _____?

Come si arriva _____?
kome ssi arriva ___?

...the train station?

...alla stazione ferroviaria?
...alla stattsjone ferrovjarja?

...the bus station?

...alla stazione degli autobus?
...alla stattsjone deʎʎi autobus?

...the airport?

...all'aeroporto
...allaeroporto

EATING

Can I look at the menu, please?

Posso vedere il menu, per favore?
pˈɔsso vedere il menu, per favore?

I would like _____

Vorrei _____
vorrei ___

SHOPPING

How much is this?

Quanto costa questo?
kwanto kosta kwesto?

expensive

caro
karo

cheap

economico
ekonomiko

I don't want it

Non lo voglio
non lo vˈɔʎʎo

OK, I'll take it

Va bene, lo prendo
va bˈɛne, lo prendo

Printed in Great Britain
by Amazon

24103570R00021